AF279375

SEBASTIÁN TIRADO MARÍN

DE SIETE EN SIETE

ExLibric

ANTEQUERA 2024

DE SIETE EN SIETE
© Sebastián Tirado Marín
Ilustraciones: Jeffrey, Regli Sáenz y Carmen Mellado Miranda
Pinturas: Manuela Martín, Inma Castro, Amparo Moreno, Marian Sardi,
Regli Sáenz, Toñi S. Granados y Carmen Mellado Miranda
Fotografías: Sebastián Tirado Marín

Diseño de portada: Dpto. de Diseño Gráfico Exlibric

Iª edición

© ExLibric, 2024.

Editado por: ExLibric
c/ Cueva de Viera, 2, Local 3
Centro Negocios CADI
29200 Antequera (Málaga)
Teléfono: 952 70 60 04
Fax: 952 84 55 03
Correo electrónico: exlibric@exlibric.com
Internet: www.exlibric.com

ISBN: 979-13-87528-09-6
Depósito Legal: MA 2630-2024

Impresión: PODiPrint
Impreso en Andalucía – España

Nota de la editorial: ExLibric pertenece a Innovación y Cualificación S. L.

SEBASTIÁN TIRADO MARÍN

DE SIETE EN SIETE

EXLIBRIC
ANTEQUERA 2024

*A cuantos hacen posible que las tradiciones
culturales de los pueblos pervivan,
sin importarles los beneficios económicos.
A ti, que lo lees, y a ti, que regalas cultura.*

Índice

El 7 en la numerología y otras ciencias

Hay principios universales indisolublemente ligados a ciertos números que son avalados por todas las religiones y civilizaciones. Entre los más importantes se cuenta el número 7.

Según la cábala, representa la «ley divina que rige el universo». Y si pensamos que siete días empleó Dios para crear el mundo, habrá que reconocerle a este número un poder especial.

No es coincidencia que los antiguos identificaran en el cielo a los siete planetas mayores que influyen sobre la Tierra y los seres que la habitan. Pero antes, mucho antes, allá en los principios, aparece el número 7 en toda su gloria: «Mi arco he puesto en las nubes», le dice Dios a Noé después del diluvio (Génesis, capítulo 9, versículo 13). Un arco que será la señal del pacto de paz entre él y la Tierra. ¡Era el maravilloso arco iris, con sus siete colores!

¿Más? Sí, mucho, muchísimo más. Al divino «creced y multiplicaos» la astrología responde ubicando al matrimonio en la casa número 7 del zodíaco. Comprendiendo el misterio del significado trascendental de este número, los hebreos encienden siete velas en su candelabro. Siete son los principios herméticos, siete los velos de la danza sagrada. Y si queremos acercarnos a la absoluta pureza a la nobleza total, recordemos la admonición de Jesús: «Perdonarás a tu hermano setenta veces siete». Y las siete conmovedoras palabras del Calvario: «Padre, perdónalos, no saben lo que hacen».

El número 7 también aparece vinculado a nuestra minúscula condición humana: recién a las siete horas de nacido, se sabe si el niño vivirá, y a los siete días le cae el cordón umbilical.

Y aparece en los viajes que modifican la historia del mundo. Cristóbal Colón descubre América en 1492. Y vemos que 1 + 4 + 9 + 2 da 16. Y 1 + 6 = 7.

Hoy en la era tecnológica, el anhelo de colocar un hombre en la Luna se cumple en el año 1969. Sumados sus componentes, 1 + 9 + 6 + 9 = 25; reducido, 2 + 5 nos da otra vez el mágico número 7. En los naipes del tarot, recibe el título de «el Carro de Osiris», significando victoria, éxito, verdad y justicia. Y precisamente esto es lo que anuncia el número 7 cuando se sueña con él.

Concurrencias del número 7 en la cultura:

1. Los siete días de la semana: lunes, martes, miércoles, jueves, viernes, sábado, domingo.
2. Las siete notas musicales: do, re, mi, fa, sol, la, si.
3. Los siete pecados capitales: soberbia, avaricia, lujuria, ira, gula, envidia y pereza.
4. Los siete mares: expresión que se usa al hablar, en general, de todos los mares o de un grupo determinado de mares que varía según la época y los pueblos.
5. En la Biblia es considerado como el número perfecto.
6. Los siete brazos de la *menorah*, el candelabro sagrado y litúrgico judío.
7. Los siete sabios de Grecia.

8. Los siete metales conocidos en la antigüedad: hierro, cobre, estaño, mercurio, plomo, oro y plata.

9. Los siete sacramentos: bautismo, confirmación, eucaristía penitencia, unción de los enfermos, matrimonio y orden sacerdotal.

10. Las siete maravillas del mundo.

11. Los siete enanos.

12. Los siete samuráis.

13. *Siete años en el Tíbet*.

14. *Los siete magníficos*.

15. *Los siete libros de la Diana*.

16. Las siete virtudes del *bushido*.

17. Los siete dones del Espíritu Santo: sabiduría, inteligencia, consejo, fortaleza, ciencia, piedad y temor de Dios.

18. *Las siete partidas* de Alfonso X el Sabio.

19. Los siete arcángeles.

20. Las siete vidas del gato.

21. Las siete bellas artes: arquitectura, danza, escultura, música, pintura literatura y cinematografía.

DE SIETE EN SIETE, UN ARCO IRIS DE ILUSIÓN

1. El quinto elemento

El muchacho venía del río descalzo, con los pantalones arremangados por encima de las rodillas, las piernas sucias de lodo. El sol, allá en lo alto, secaba con sus rayos el barro grisáceo, que se agrietaba por momentos, al dirigirse hacia su casa por entre los hierbajos y flores que por esta época del año florecen en este particular meandro del río Pati: amapolas, margaritas y unas flores de color lila que nunca antes había visto.

El muchacho, con su pelo rizado, de color rubiasco, a media melena, sacudía la cabeza para apartar las gotas de agua sucia que le bajaban por las sienes y se unían al incipiente sudor que empezaba a mojarle su pequeño cuerpo. Sus piernas no alcanzaron a superar, como él pensó, la bonita flor lila, que expandió sus pétalos y polen entre el lodo y la piel del joven y delicado muchacho. Saltaba y canturreaba mientras se dirigía cada vez con más soltura hacia su cercana casa.

Jesús, que es el nombre de nuestro personaje, en uno de esos saltos se dio cuenta de que sus piernas, al contacto con la flor lila, se volvieron invisibles y, aunque las sentía ambas en su entera extensión, solo veía el pantalón sucio y arremangado, además de las pisadas que con sus saltos y carreras dejaba sobre la hierba.

Con gran asombro y un nerviosismo extraordinario, se lanzó sobre la fresca hierba. De cara al cielo, cerró los ojos y con más miedo del que quisiera se buscó las piernas con las manos. Poco a poco se fue acercando con temblor sobre el pantalón en busca de lo que no veía, pero sí sentía. La incertidumbre le paralizó y, cuando sintió los dobleces que tenía realizados sobre

lo que eran las rodillas, se detuvo y aspiró aire en busca de la calma que requería el momento. Tras los dobleces siguió y, aunque no la veía, se tocó la pierna y siguió hacia abajo. La pantorrilla y su endeble tobillo daban paso al pie y sus cinco dedos.

—¿Cómo es posible?

Nuestro amigo se preguntaba cómo podía ser lo que le estaba sucediendo y por qué. Esto no lo conocía nadie y él no tenía constancia de que a ningún vecino le hubiese pasado antes; parecía asunto de magia. A su mente acudieron imágenes de algunos magos y una sonrisa se dibujó en su cara, borrando de golpe su nerviosismo e inquietud.

Se levantó y volvió su mirada al camino por donde pasó. La línea era clara a través de la colorida vegetación. Solo una flor lila destacaba entre la multitud de amapolas, margaritas y demás flores silvestres que, desde la orilla hasta donde se paró, poblaban la ribera del río.

Pensativo, recapacitó: lodo, sol, polen, pétalos... y aquí se detuvo. Faltaba el quinto elemento, ese que solo él poseía y que, por esas casualidades del destino, se había producido hoy.

Jesús poseía el quinto elemento, aquel que, unido a los otros cuatro, se transformaba en el don de la invisibilidad. Cuando se dio cuenta de que podía repetir la operación, se detuvo y miró a los lados. Casi no se atrevía a moverse y dio dos pasos hacia atrás.

La incertidumbre le atenazaba e inmovilizaba, no saber cuánto tiempo duraría el efecto y si podría repetirlo cuantas veces quisiera le corroía y le paralizaba.

Jesús analizó la situación y, tras contar los elementos necesarios, se armó de valor y se encaminó despacio hacia el río.

Mojado, lleno de lodo y completamente desnudo, avanzó lentamente hacia la flor lila. Su contacto le dio escalofríos y...,

¡sorpresa!, la invisibilidad se hizo realidad, todo él se hizo invisible. Gritó, saltó, corrió y se tocó por todos lados. Efectivamente, era invisible. Casi no se lo podía creer; si no se tocara, no se lo creería.

—¡Papá, papá, soy invisible! —gritó al llegar a casa.

Su padre salió alarmado y no vio a nadie. Casi se cae de espaldas cuando sintió que su hijo le tocaba por detrás y le habló.

—¡Padre, soy yo, que vengo del río!

—¿Pero cómo es posible que no te vea?

El nerviosismo del padre se notaba en que no paraba de mover las manos en busca de su hijo y no lo encontraba. Él, mientras tanto, se tronchaba de risa a su lado.

—¡Papá, papá, solo yo conozco el quinto elemento!

—¿Pero qué elemento ni leches?

—Papá, al salir del río me crucé por entre las flores y al unir los cinco elementos me volví invisible.

—¡Hijo, eso es imposible!

—¿Cuánto de imposible quieres que te cuente, papá?

—Tienes razón, hijo. Si no te veo y te puedo oír y tocar, es que eres invisible. Ahora dime, hijo, ¿cuál es el quinto elemento?

—¡No, papá, eso solo lo tengo que saber yo!

Y colorín colorado, el niño invisible se ha pirado.

FIN

Acuarela de Inma Castro

Siete montañas españolas

Estas son las **siete** montañas más altas de España según la enciclopedia de montaña Montipedia, ordenadas de mayor a menor altura:

1. El **Teide** es un volcán situado en la isla de Tenerife. Con una altitud de 3.718 metros sobre el nivel del mar y 7.500 metros sobre el lecho oceánico, es el pico más alto de España.

2. El **Mulhacén,** con una altitud de 3.478,6 metros sobre el nivel del mar, es el pico más alto de la península ibérica y el segundo de España tras el Teide. Forma parte del Parque Nacional de Sierra Nevada (Granada-Almería).

3. El **Aneto** es el pico más elevado de los Pirineos, con una altitud de 3.404 metros sobre el nivel del mar. Se encuentra situado en el Parque Natural Posets-Maladeta, en el municipio de Benasque, provincia de Huesca.

4. El **Veleta** es, con una altitud de 3.395,68 metros sobre el nivel del mar, la cuarta cumbre más alta de España y segunda de su cordillera. Está enclavado en la provincia de Granada y pertenece a Sierra Nevada, en la cordillera Penibética.

5. El pico **Posets** o **Punta de Llardana** es el segundo pico más alto de los Pirineos. Tiene una altitud de 3.375 metros y se encuentra en la provincia de Huesca. Forma parte de la ruta de los tres picos: el Posets, el Perdiguero y el Aneto.

6. El pico **Alcazaba** (3.371 metros) está enclavado en la provincia de Granada y pertenece a Sierra Nevada, en la cordillera Penibética.

7. **Monte Perdido** es el macizo calcáreo más alto de Europa (3.355 metros). Está situado en la provincia de Huesca, en el Parque Nacional de Ordesa y Monte Perdido, en la comunidad autónoma de Aragón.

2. Manolito y su código secreto

El autobús recoge a Manolito. Su padre lo acompaña a la esquina para que se suba al vehículo, que diariamente lo acerca al colegio para niños con deficiencias psíquicas que hay entre Sanlúcar y Chipiona. Sus amigos y amigas esperan con ansiedad que vuelva; lleva una semana sin

acudir por un problema de salud, pero hoy ya se ha recuperado, se incorpora a su colegio y la ilusión se le nota en la cara. Risueño y con su bolsito en la mano, no para de mirar a un lado y a otro; cada recodo o curva que toma el autobús es observado con interés por el niño. Manolito tiene solo siete años, eso dicen los médicos, aunque su padre hace más de cuatro que le afeita.

Cada compañero que recoge el autobús se le abraza y él, en su inocencia infantil, le enseña el nuevo maletín que le compró su padre. Los colorines y el silbato de policía le tienen nervioso y a todos se los quiere enseñar; sueña que es policía y que dirige el tráfico. Todo en él es alegría y la llegada al centro es otra fiesta para el pequeño. Su inocencia es puesta de manifiesto con la carrera que emprende nada más ver a su maestra preferida. Lourdes se agacha como para recibir al niño y casi se cae de espaldas cuando Manolito la coge entre sus enormes brazos y la estruja con cariño.

La jornada en el centro pasa con normalidad y la vuelta a casa en el autobús es de nuevo otra fiesta para el pequeño. Sabe que su padre le tendrá preparada su merienda favorita, pero lo que más le gusta a Manolito es el rato que diariamente pasan jugando a policías y ladrones. Él es un gran policía y su padre hace gustoso de un malvado ladrón que cae en manos del mejor agente del mundo. Las pistolas y las esposas de juguete tienen bien marcadas las señales del uso.

Manolito cuenta las curvas que le faltan para llegar y se despide con cariño de sus compañeros. Sabe que él es el último en abandonar el autobús y cuando se baja su amiguita Noelia no sabe si alegrarse o

entristecerse. Su mente no distingue entre la pena que le da el separarse de su amiguita y la alegría que siente ante la inminencia de la merienda y del juego con su querido padre.

Los días se suceden y diciembre llega con sus fríos y sus aguas. Las castañas asadas en la esquina de la plaza son otra de sus aficiones y no pierde ni un solo miércoles sin que su padre le lleve a ver a Carmen la castañera. Esta le regala un cartucho de papel y, como cada miércoles, le trata de enseñar cómo se hace. Al final tiene que coger un papel nuevo y Carmen, con enorme paciencia y amor maternal, le hace el cartucho despacio y se lo llena de castañas recién asadas. La marcha de Manolito para su casa con el cartucho de casta-ñas abrazado a su pecho es una carrera que a duras penas puede seguir su padre.

La visión de su hijo con esa alegría por el regalo de la cas-tañera y la ilusión con que pela las castañas y las va repartiendo

sobre la mesa, un trozo para cada uno, nunca llevándose uno mayor que el que ofrece a su querido padre, es una imagen que no por repetida produce menos alegría, y tampoco menos dolor. Siente el amor de su hijo y juntos pasan los días a la espera de la Navidad. Este año, como se quedó parado, no tiene para Reyes y cuanto más cerca está la fecha, más grande es el dolor del padre, que no sabe cómo decirle a su hijo que no tendrá Reyes. Su hijo, ese pequeño de siete años al que diariamente tiene que afeitar y que pesa casi cien kilos, pero que cuando le abraza es una pluma y le hiere en el alma no darle todo cuanto merece.

Pasado mañana es Navidad y no sabe dónde meterse ni a dónde acudir. El código secreto de Manolito, ese código que él le enseñó y que cuenta el valor de las cosas por el amor de quien te las regala y no por lo que cuestan en la tienda, le preocupa y le tiene ocupado haciéndole con sus manos el regalo para Reyes, pero su habilidad no es la que quisiera y no le está saliendo como a él le gustaría.

La jornada en el centro con sus amiguitos es toda una fiesta. Mañana es Navidad y los decorados y colorines le mantienen la mente ocupada. Todo son alegrías y desde el portal de Belén del centro hasta las tiras de colores del autobús le alegran el día, pero, de acuerdo con su código, la alegría se la da su amiga Lourdes, su maestra preferida. Ella le regala una ametralladora, hecha con una tabla recortada y pintada de negro. Los disparos que él lleva todo el día haciendo con la boca son la muestra de que acertó en el regalo y la alegría en la cara de la profesora es comparable a la que su padre le ofrece al recogerlo con la ametralladora en las manos.

Mientras que para Manolito el camino a casa es un continuo disparar, alegre y divertido, para su padre es un

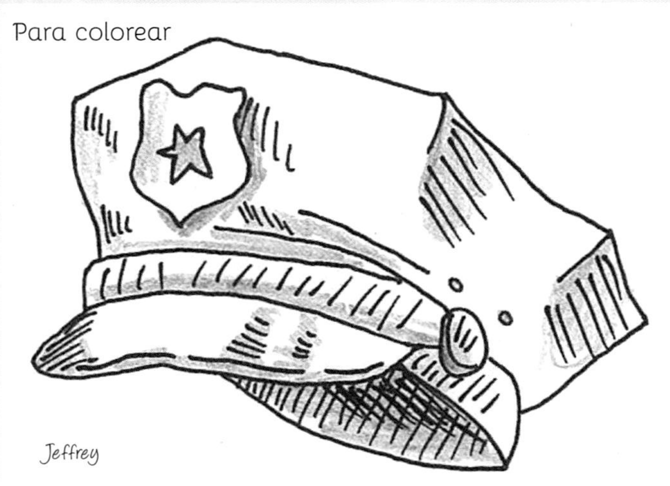

calvario. Solo piensa en que aún no terminó su regalo y no tiene dinero para comprarle lo que quisiera. El jarrito con cacao y los pestiños no los perdona Manolito y se sienta, un poco cansado, a ver dibujitos en la tele. Su padre se aparta y trata de acabar su regalo; la noche se acerca y dos lágrimas recorren su cara al tiempo que contempla el gorro de policía que le acaba a su hijo. Espera que su código secreto le saque del atolladero. Aquello no parece lo que pretende ser, pero su hijo lo entenderá.

Llaman a la puerta y, secándose las lágrimas, acude a abrir. No espera a nadie y Manolito continúa embelesado ante la tele con los dibujitos. La sorpresa es inmensa: un nutrido número de amigos y amigas se cuela en su casa. Traen regalos y sorpresas para Manolito: un disfraz de policía, pistolas y caramelos, un montón de sorpresas y ruido, que hacen que Manolito salte y corra por toda la casa como el niño que es. Su padre no aguanta las lágrimas y no sabe cómo agradecerlo.

Son sus amigos quienes les dan las gracias por dejar que participen de su amistad. Cuando su padre, con mucho temor, le hace entrega de su gorra a Manolito, este se emociona y da saltos de una inmensa alegría.

¡Este es el mejor regalo! ¡Esta gorra es maravillosa! Se lo hace saber a todos con gestos y gritando. Su código funciona y el amor de su padre vale más que todos los regalos que compraron sus amigos. Hoy todos aprendieron una lección.

¡Manolito hace mucho que la practica!

Oleo de Carmen Mellado Miranda

Siete ríos peninsulares

1. El **Tajo** es el río más largo de la península ibérica. Nace en los Montes Universales, en la sierra de Albarracín (Teruel), sobre la rama occidental del Sistema Ibérico, y, después de recorrer 1.008 kilómetros, llega al océano Atlántico en la ciudad de Lisboa.

2. El **Ebro** es el río más caudaloso de España y el segundo de la península ibérica después del Duero (caudal medio de 600 m³/s para el Ebro frente a los 675 m³/s del Duero en su desembocadura en Oporto). Es además el segundo río más largo, por detrás del Tajo. El Ebro tiene una longitud total de 930 kilómetros.

3. El **Duero** es el río más importante del noroeste de la península ibérica. Nace en Fuentes del Duero, en la falda sur del pico Urbión (Duruelo de la Sierra, Soria) y desemboca en el océano Atlántico, en el estuario de Oporto (Portugal). Tiene 897 kilómetros de largo.

4. El **Guadiana** recorre una distancia total de 744 kilómetros, de los cuales 502 corresponden a territorio español, 140 a suelo portugués y 100 kilómetros a zona fronteriza. En España, discurre por tres comunidades autónomas (Castilla-La Mancha, Extremadura y Andalucía). Es navegable en su curso bajo, en un tramo aproximado de 70 kilómetros.

5. El río **Guadalquivir** nace en la Cañada de las Fuentes (sierra de Cazorla), en el término municipal de Quesada (Jaén). Desemboca en el océano Atlántico

por Sanlúcar de Barrameda (Cádiz). Es navegable hasta Sevilla y su valle vertebra Andalucía.

6. El **Júcar** es un río situado en el este de España. Tiene una longitud de 497,5 kilómetros, atraviesa las provincias de Cuenca, Albacete y Valencia y desemboca en el mar Mediterráneo. Nace en la vertiente meridional del cerro de San Felipe (Montes Universales), en el paraje conocido como los Ojos de Valdeminguete.

7. El río **Miño** discurre casi íntegramente por Galicia, aunque en su tramo final forma la frontera entre España y Portugal antes de desembocar en el océano Atlántico. Es el río más largo de Galicia (310 kilómetros) y el más caudaloso una vez que recibe al río Sil, su principal afluente.

3. Almuerzo en el chiringuito: ¡de la calle vendrán y...!

Al chiringuito acude un número no inferior a veinte comensales, precisamente el día en que no puede venir el camarero de sala, y lo que habitualmente es un servicio de media hora, con un camarero sirviendo las mesas, desde el mismo momento en que entran los clientes se convierte en un hervidero de voces y carreras impropias de este establecimiento, acostumbrado a dar un servicio exquisito y con todo controlado.

Son veinte filetes de ternera con patatas fritas y aliños varios, pero se tienen que apañar dando hoy desde la barra la comida y las bebidas, con el consiguiente deterioro de imagen y prestigio del chiringuito. Los clientes van y vienen conforme el barman les llama y sirve las viandas para que la demanda de los comensales sea satisfecha. Es mucha y diversa la gestión que, desde la barra, el único camarero de hoy tiene que realizar para dar servicio adecuado a todos y cada uno de los comensales. Son veinte y comen bien. Les parece adecuado, dadas las circunstancias, y durante el almuerzo, aun viendo la carta y sabiendo los precios, nadie dice nada. Beben, comen, charlan, van, vienen utilizan los cuartos de baño y todo cuanto en el chiringuito hay, para concluir con el clásico café y el chupito de despedida. Aquí que el camarero les pone sobre la barra la factura, como cuando acude el camarero de sala.

—¡¿Cómo?! Pero esto no es lo correcto. Hemos sido nosotros los que nos hemos servido los platos y las bebidas —comenta el que parece portavoz de los clientes, que ahora solo son espectadores y apoyan a su portavoz.

—¡Pero todo ha salido bien! Y la comida ha sido de vuestro agrado, ¿no? —replica el camarero.

—Sí, sí, todo estaba bueno y de nuestro agrado, pero nos hemos servido nosotros, así que habrá que ver lo que valen los filetes en el súper, las bebidas en el mayorista y todo lo demás a precio de coste y pagaremos la diferencia, porque nosotros hemos hecho la mitad del trabajo —argumenta el portavoz de los comensales, asintiendo los demás con la cabeza, dándole la razón a la argumentación de su compañero.

—¡Hombre, ¿eso cómo va a ser?! ¡El precio está en la carta y ustedes lo sabían! —les replica el camarero, que no sale de su asombro.

—Una cosa es lo que dice la carta y otra es que nosotros nos tengamos que dedicar a completar el trabajo del bar. Nosotros servimos las mesas y te hicimos la mitad del trabajo, por lo que, quitando el precio de costo, solo debemos pagar la mitad de lo que dice la carta, porque, si no, os vais a poner ricos a nuestra costa. De cinco euros el kilo en el súper, nos queréis cobrar cinco euros por cada filete, y así en todo lo que nosotros hemos llevado a la mesa. Así se pueden tener coches y casas a mansalva, y encima le parece poco. Yo creo que está bien —argumenta el portavoz, ahora un poco alterado y haciendo que todos atiendan para recibir aún más apoyos.

A esto que sale el personal de cocina en apoyo de la argumentación del camarero que hoy tiene la «suerte» de atender a este público tan especial.

—¿Qué pasa? ¿No quieren pagar o acaso no les gustó la comida?

—No, nada de eso, amigos. Es que aquí vuestro compañero quiere cobrar un trabajo que no ha hecho, y nosotros tratamos de poner las cosas claras. No nos parece justo que quiera cobrar lo mismo que pone en la carta cuando nosotros hemos hecho la mitad del trabajo.

—¿Pero eso cómo va a ser? Desde el bar se ha trabajado, y no solo él, sino que nosotros en cocina le preparamos todos los platos. Y las bebidas llevan en la nevera el tiempo necesario para que estén fresquitas, las mesas limpias, las sillas, la luz, el gas... En fin, que les facilitamos todo cuanto es necesario para una degustación correcta del almuerzo. Creo que mi compañero tiene razón al querer cobrar lo que les reclama —les espeta el que parece ser el jefe de cocina, con aire de supremacía y tratando de dejar las cosas claras.

—Hombre, estaría bueno que encima de traer los clientes, como los he traído, y de trabajar llevando y trayendo platos para que no se quejen, no estuviera todo un poco preparado. Pero no podrán negarme que en todo no han cumplido y que desde mi cargo de presidente de la Asociación de Zurdos de la Provincia de Cádiz me he pasado toda la tarde sirviendo a mis compañeros, y eso vale un dinero, ya que ustedes no tenían camarero y no han cumplido como era preceptivo.

—Pero hombre, no vas a poner tu trabajo con el de nosotros —le contesta raudo el camarero.

—¿Qué pasa? ¿Que el trabajo de carga vale menos que el tuyo de pitiminí? —le repele el que hasta ahora lleva la voz cantante entre los comensales.

En esto que entra en liza un nuevo personaje que acaba de entrar.

—Buenas tardes. ¿Qué pasa, Jorge? ¿Todo bien?

Es Laureano, el dueño del chiringuito, que viene de comprar en los grandes almacenes y trae cara de pocos amigos.

—Buenas tardes, Laureano. Todo no va bien. Estos señores no paran de liarme con precios y cosas que no entiendo y me están liando —le responde raudo el camarero a la búsqueda de auxilio.

—A ver, ¿quién me explica lo que pasa con ustedes?

—Buenas tardes, amigo. Soy el señor que le ha traído a todos estos clientes y debería estarme agradecido por ello, pero aquí su asalariado pretende cobrar algo por lo que no ha trabajado y creemos que así no son las cosas.

—Señor, en esta casa nunca se ha cobrado algo por lo que no se haya trabajado, y de ello puedo estar muy orgulloso —responde Laureano con vehemencia.

—Entonces me dará la razón, porque... —Y repite toda la argumentación anterior con todo lujo de detalles al dueño del chiringuito, que no sale de su asombro.

—Pero… ¡ay, señor! ¿Me quiere tomar por necio o es que el mundo está loco? Por el traslado de la comida del mostrador a la mesa quiere cobrar lo mismo que por hacerla, servirla y todo lo demás. O yo estoy loco o los locos son ustedes. Esto raya en lo kafkiano. Encima de que vienen a mi casa, comen, beben y utilizan todo el chiringuito, me dicen que les quiero cobrar más de lo debido. ¿Quiénes son ustedes para valorar los filetes a precio de supermercado? ¿Quiénes para calcular el precio de la bebida y de todo lo demás? Aquí hay unos precios y a esos debemos regirnos, tanto si les gusta como si no.

La cara de Laureano es todo un poema, roja y con los ojos encendidos. No parece que acepte la propuesta del portavoz de los comensales.

—Señor, permítame que le diga que pretenden cobrar por un trabajo que no han realizado.

—¿Otra vez? Ustedes comieron, ¿verdad?

—Sí, señor. Comimos y bebimos.

—Pues entonces paguen y déjense de tonterías.

—Eso pretendemos, señor, pagar lo que en justicia entendemos que debemos pagar. Mire, los filetes en el súper valen…

PLAFFFF…

El tortazo sobre la mesa suena inmenso y pone un silencio atronador en todo el recinto.

—Van a conseguir que me cabree. Si han comido y les ha gustado, si han bebido lo que han pedido y todo estaba en orden, ¿por qué leches no pagan y se van con viento fresco?

Laureano no parece estar de buen humor y no se antoja la situación para llevarle la contraria.

—Oiga, señor, antes nos dijo que en su casa nunca se cobraba algo por lo que no se haya trabajado, y el servicio de camarero lo hemos realizado nosotros. Además, estos no son modales.

—Bufff, me parece que no me he explicado con claridad. Si han comido, han bebido y en la carta pone la relación de precios, creo que ya está todo dicho. —De nuevo Laureano pone de manifiesto su voluntad de zanjar el asunto sin descuento alguno.

—Pues si un kilo de filetes vale… —De nuevo el portavoz intenta valorar la comida desde su particular punto de vista.

—Pero bueno, ¿usted quién se cree que es para decirme a mí dónde debo comprar la carne ni las bebidas, ni cómo dirigir mi establecimiento? La carta es como un presupuesto y ustedes al entrar y sentarse en las mesas aceptan ese presupuesto. Y lo que deben hacer como buenos clientes es pagar y dejarse de monsergas.

Laureano parece que va a estallar de un momento a otro.

—Bueno, son formas de ver las cosas, pero no me negará que si yo, que soy el presidente de la Asociación de Zurdos de la Provincia de Cádiz, me tengo que poner a servir las mesas y me tienen que ayudar algunos de mis compañeros, lo lógico es que, si hacemos la mitad del trabajo, paguemos lo que corresponda y, una vez descontemos los precios de coste, dividamos la diferencia para quedar a la par.

El portavoz parece tener las ideas claras y de nuevo emprende la contienda en pos de un acuerdo a su modo de ver las cosas.

—Mire, pague lo que quiera y haga las cuentas con el camarero, porque a mí ya me cansó.

Laureano se da por vencido y cede ante lo pertinaz de quien vino de la calle a su casa, se comió su carne, se bebió su bebida, utilizó sus enseres y a sus trabajadores y ahora pretende poner precio a su trabajo, comida y servicios.

Moraleja: cuando se es amable y se confía en la buena voluntad de las personas, suelen darle a uno puñaladas traperas y poner cara de «corderos degollados», cuando en realidad te están engañando descaradamente. Valoran mucho el trabajo final, cuando los principios son la base de todos los éxitos. La creatividad no se valora, pues ya deja de ser algo imaginado para ser algo tangible, algo palpable. Muchos creen que las cosas vienen solas y que lo que verdaderamente tiene valor es lo que hacen ellos. Cuando no se respetan las normas y se pretende abusar o alterar el orden establecido, suele ocurrir lo indeseado y...

LA HISTORIA ANTERIOR ES PARA REÍRSE UN RATO.

Linograbado de Amparo Moreno

Centro de Interpretación de la Naturaleza y el Litoral «El Camaleón»

Dirección web: http://chipionacamaleon.blogspot.com.es/
Precio: Entrada libre previa reserva
Teléfonos: 652 894 768 y 656 630 146

El Centro de Interpretación «El Camaleón» se ubica en la zona litoral del Plan Parcial de La Laguna, en la avenida del Camarón, junto a la pasarela de madera existente para acceso a la playa, con las consiguientes adecuaciones para personas de movilidad reducida.

Este centro supone un importante espacio para el análisis y estudio de esta especie animal autóctona en particular y del medio ambiente en general. Está constituido por un conjunto de tres edificios diferentes, consistentes en cabañas tradicionales con muros de fábrica, cubiertas con estructuras de madera y brezo natural. De este modo, cuenta con una sala multiusos, laboratorio, un aula para treinta alumnos, una sala de conferencias polifuncional para cincuenta o sesenta asistentes, aseos, conjunto de recepción, administración y dirección, sala de exposiciones multifuncional compuesta por una sala de exposiciones, un terrario y terrazas exteriores. El conjunto de materiales empleados es el adecuado para evitar el impacto tanto visual como ecológico en la zona y no alterar el ecosistema actual.

El centro cuenta con el patrocinio de la Compañía Española de Petróleos (Cepsa), la participación del Área de Medio Ambiente de la Excma. Diputación de Cádiz, el grupo ecologista C. A. N. S. y el Ilmo. Ayuntamiento de Chipiona.

4. Reyes para Luisita

Leoncio era un enorme león de peluche, de ojillos pícaros y sonrisa tierna, muy suave al tacto, que vivía en la humilde juguetería de Gaspar. Llevaba allí mucho tiempo, pues a ningún niño le gustaba para adoptarlo. Leoncio se desesperaba y Gaspar sufría al ver la frustración de su peluche favorito. No pasaba un solo día sin que lo acariciara, quitándole el polvo, y hablara con él un buen rato.

Leoncio lo pasaba especialmente mal cuando visitaba la tienda Luisita, una preciosa niña de rizados cabellos rubios, con una eterna sonrisa y vivos ojos color celeste, que vivía muy cerca de la juguetería. Era su niña favorita, pero era un amor no correspondido. La niña se paseaba por la tienda, veía al peluche sin mirarlo y Leoncio sufría. Le preguntaba Luisita a Gaspar por juguetes caros y

por muñecas sofisticadas que hacían esto y aquello, y el juguetero le respondía afirmando que su establecimiento era muy humilde y solamente vendía juguetes clásicos y bonitos. Leoncio no podía más.

Cuando Gaspar cerraba y apagaba las luces de su tienda, Leoncio deshacía su tierna sonrisa y de sus pícaros ojillos no cesaban de brotar amargas lágrimas. No lo comprendía. Su pose era muy graciosa; su sonrisa, muy tierna; sus ojillos, muy pícaros, pero ni Luisita ni niño alguno querían adoptarlo.

Era ya el 5 de enero, había pasado otra temporada navideña y nadie había comprado a Leoncio. A última hora, cuando Gaspar iba a cerrar la tienda, apareció un señor alto, bien vestido, pulcro en el trato y oliendo a perfume, que llegaba con muchas prisas. Se notaba que vivía en un permanente estrés. Afirmaba ser el padre de Luisita. Su nombre era José Manuel y preguntaba, describiendo a su hija por si Gaspar la conocía. El juguetero le contó que la conocía, pues venía frecuentemente por su establecimiento. Entonces José Manuel empezó a contarle que estaba divorciado de la madre de Luisita, que veía muy poco

a su querida hijita, pues trabajaba mucho, y que le había prometido pasar las fiestas de los Reyes Magos con ella. El problema era que, con las prisas, no había podido comprarle regalo alguno y le pidió consejo acerca de. juguete o muñeco que más le gustaría, pues realmente él no conocía los gustos de su querida hijita.

Gaspar aprovechó la ocasión y le aconsejó fervientemente la compra de Leoncio. El leoncito estaba muy contento y, a la vez, preocupado, pues Luisita nunca se había fijado en él y temía su rechazo. Luisita se puso muy contenta al ver a su padre y casi igual de contenta cuando empezó, al día siguiente, a desenvolver sus regalos de Reyes. Leoncio estaba muerto de miedo. Fue el último regalo en ser desembalado; las tiras de *fixo* sujetaban el papel y la pequeña tuvo que romperlo en varios sitios para descubrir el contenido. A la pequeña Luisita le encantó; afirmaba que nunca había recibido un peluche tan tierno y tan gracioso y no paraba de abrazarlo.

José Manuel estaba tan contento como su hijita y se sintió realmente feliz. Hacía mucho tiempo que no sentía así.

El día 7 de enero acudió José Manuel a darle las gracias a Gaspar por el consejo que le dio. En aquel momento, Gaspar le confesó que Luisita había pasado infinidad de veces por su juguetería y que nunca había preguntado por el leoncito. Entonces preguntó José Manuel:
—¿Por qué me lo recomendó?
Y Gaspar le contestó:

Para colorear

—Su hijita me preguntaba por los juguetes más caros, sofisticados y modernos, por las muñecas con más funciones, si traería este o aquel ordenador o el teléfono con las más modernas aplicaciones, y era incapaz de ver que tenía delante de ella a su juguete predilecto. Suele pasar —continuó diciendo Gaspar—. En muchas ocasiones tenemos la felicidad delante de nosotros y somos incapaces de verla o, incluso viéndola, no la queremos alcanzar por orgullo, timidez, vergüenza o las más variadas y extrañas razones.

José Manuel se quedó pasmado ante tal contestación y empezó a pensar en su propia existencia. Se había pasado toda la vida luchando por ganar mucho dinero y por ascender en el escalafón de su empresa, incluso había sido capaz de aprender el chino mandarín para copar el cargo directivo del lejano Oriente. Sin embargo, había descuidado a su familia, lo que provocó su divorcio y el no poder estar todo el tiempo con su hijita. Había ambicionado dinero y éxito social, aunque, ahora lo reconocía, solo logró el dichoso éxito económico, ya que el social estaba lejos de obtenerlo, pues siempre estaba viajando y no se dio cuenta de que tenía a la felicidad delante de él, en su casa, con su mujer y con su hijita Luisita.

Así es, nunca debemos desaprovechar las ocasiones para ser felices, que suelen estar al alcance de la mano, muchas veces delante mismo de nosotros. Solo hay que saber mirar con el corazón.

José Manuel agradeció sobremanera las enseñanzas de Gaspar y recapacitó sobre la búsqueda de la felicidad y los regalos de Reyes. Aceptó que estaba equivocado: no es más feliz quien más tiene, sino aquel que aprecia el valor de lo que dispone, y él disponía de una linda hijita que le adoraba y a la que por nada del mundo dejaría sola en el futuro. Su vida anterior quedó aparcada y un mundo de ilusión se abría ante sus iluminados ojos en compañía de la pequeña Luisita.

Luisita aún hoy guarda su leoncito y su hijo no para de preguntar por qué lo guarda con tanto esmero y no le deja jugar con él. La sonrisa picarona de Luisita indica a su hijo que de nuevo le contará la historia y no le dejará el anhelado peluche. El abuelo no cabe en sí de orgullo y dos lágrimas le corren por la cara al recordar cómo estuvo casi a punto de perderse todas estas alegrías.

Leoncio no pierde su sonrisa y es el peluche más feliz del mundo, sentado sobre sus patas traseras encima del mueble bar del salón que preside el feliz hogar de Luisita y su familia.

Oleo de Marian Sardi

El lenguaje de las flores

Todas las flores cuentan con un lenguaje propio y con cada una de ellas podemos transmitir un mensaje diferente. Desde la antigüedad, las flores han sido una noble vía para dar a conocer y transmitir sentimientos.

El lenguaje de las flores tiene sus orígenes en Oriente y se ha transmitido de generación en generación y de cultura en cultura, pasando por el antiguo Egipto, la Edad Media o el Renacimiento hasta llegar al Romanticismo, época esta en que tuvo su mayor apogeo.

En el Romanticismo, este recurso de «hacer hablar a las flores» era un secreto que las madres legaban a sus hijas para, a través de él, comunicar numerosos sentimientos: vida, belleza, desánimo, muerte, soledad…, pero sobre todo amor.

Teniendo en consideración estas raíces históricas, existe un lenguaje popular asociado a las flores y una alternativa para cada ocasión. La rosa roja es sinónimo de amor; la amarilla, de amistad; la blanca, de miedo; la rosada, de indecisión; la camelia blanca, de amistad inalterable.

Otros ejemplos: la margarita blanca simboliza inocencia y pureza, por lo que está relacionada con la niñez; la gardenia significa alegría; la flor de azahar, castidad; el tulipán, amor desesperado si es de color amarillo y una sutil declaración de amor si es rojo; el clavel significa distinción y nobleza, y el lirio, inocencia, pureza y alegría.

Los colores

De esta forma, el color rojo es símbolo de atención, levanta el ánimo y por lo mismo se considera un color apasionado, por lo que si buscamos estos efectos debemos comprar rosas, geranios, bromelias o poinsettias, cuyo color rojo las hace imprescindibles en Navidad.

Toda una ingente cantidad de colores y sus correspondientes significados dan testimonio de que las flores dicen mucho y enamoran más.

5. Carmen la castañera

Octubre llega a su fin y, como cada año, el día de Todos los Santos se acerca. Ese día, lo sabe muy bien la castañera, es la jornada en la que más castañas asadas se venden. La esquina le resguarda un poco del frío reinante. El fogón, a pesar de estar al rojo vivo, no le aporta suficiente calor como para no temblar como una hoja reseca movida por el viento.

—Una docena, por favor.

El anciano que le solicita las castañas trae unos pobres guantes; dos de sus dedos asoman por entre los agujeros y el pulgar ni siquiera se cubre un poco. El abrigo largo le cubre casi por completo las raídas y gasta-das ropas que, más que verse, se adivinan bajo el mismo. La mascota o sombrero la lleva incrustada en la cabeza, a fin de que sus escasos cabellos canosos no asomen y delaten la escasez de limpieza que so-portan. Las zapatillas no pueden ser más viejas ni gastadas y por la puntera de una de ellas asoma el pulgar, que difícilmente

se mantiene dentro del calcetín. Todo en él es triste y penoso menos su voz. La voz es dulce y delata un cariño que atrae toda la atención de la pequeña castañera.

—Tenga, abuelo. Una docena escogida y calentita calentita.

—Gracias, bonita. ¿Cuánto le debo?

—Abuelo, hoy le invito yo. Y ande, váyase pronto a casa, que cogerá frío.

—Gracias, pequeña, pero las compro para calentarme un poquito. No tengo casa y hoy esta será mi cena.

La cara de la castañera se oscurece y dos lágrimas asoman a sus mejillas. Jamás pensó que alguien tan mayor y con aquella voz no tuviera al menos un lugar donde refugiarse de aquel frío.

—Abuelo, ¿quiere usted comerse las castañas aquí, junto a mí, cerca del fogón calentito?

—No quiero molestar. Llevo varios días sin lavarme y no creo que sea buena compañía.

—Ande, abuelo, siéntese y procure entrar en calor. ¿No tiene usted familia?

El anciano hace como que no la oye y se va acercando a la silla para sentarse cerca del fogón y entrar en calor mientras se come la docena de castañas.

La castañera, mientras tanto, sigue pendiente de sus castañas y mira al fondo de la calle para ver si viene algún cliente. La suerte no está de su parte y solo ve unas hojas resecas arrastradas por el viento. Otra noche con la caja casi vacía y sus padres en casa, sin poder encender una buena estufa que les proteja del inmenso frío y esperando que su querida hija les traiga algo de comer. El invierno está siendo crudo y largo y casi no pueden moverse a causa de esa enfermedad crónica que tiene a ambos postrados en la cama desde hace más de un año.

—Hija, ¿no tendrás un poco de agua?

—Claro, abuelo. Aquí tiene.

La joven castañera acerca un vaso de agua y con una amplia sonrisa en la cara se lo ofrece al sorprendido anciano.

—Gracias, joven. No sabes cuánto te lo agradezco.

—No hay de qué, abuelo. Estoy aquí para lo que quiera.

—Ay, mi niña, qué amable eres. ¡Qué distinto sería el mundo si hubiera más gente como tú!

—Ande, abuelo, no sea usted tonto, que me ruborizo. Solo soy como mis padres me han educado, y usted merece todo mi respeto.

—Si yo te contara la de burlas que he tenido que soportar por niños y otros no tan niños...

—Se me cae la cara de vergüenza solo de pensar en que sirva usted de burla. Puede ser mi padre o mi abuelo, y nada hay en el mundo que quiera más que a mis padres.

Ante las palabras de Carmen, la castañera, el abuelo saca un arrugado y sucio pañuelo para sonarse la nariz y se pasa la manga del abrigo para secarse unas rebeldes lágrimas.

De nuevo la cara de la castañera se oscurece y se la ve entristecida. Se le hace muy difícil entender cómo alguien tan amable y con una voz tan dulce puede estar solo y sin nadie que lo cuide y le haga compañía.

—Abuelo, si no tiene casa y está solo, ¿por qué no se viene a casa y les hace un poco de compañía a mis padres?

—Pero niña, si apenas me conoces y no sabes nada de mí.

—No hace falta, abuelo. Tiene usted cara de buena gente y su voz no puede ser la de una mala persona.

Entre una cosa y otra, se les viene la hora de la recogida y en la caja solo hay unas cuantas monedas, casi no alcanza para cubrir los gastos y comprar una barra de pan. Sin embargo, la sonrisa no desaparece de la cara de la joven castañera. Hoy conoció a un nuevo amigo y se siente contenta consigo misma.

El abuelo, que aún no le ha dicho su nombre a la joven, la acompaña y le ayuda en las labores de recogida. Más por lo pesada que es la joven que por deseo propio, la acompaña a su casa para conocer a los padres de la castañera. Una vez presentados y tras una charla amigable, se despiden hasta el día siguiente, en que quedan para charlar y pasar el rato. Todos aceptan que puede haber una linda amistad.

Pasa el día de Todos los Santos y la castañera gana un buen sueldo. Después de unos fines de semana en los que aumenta un poquito los ingresos y tras superar los días de frío y algunos pasados por agua, se acerca la Navidad.

El anciano continúa viniendo casi todos los días. La ropa se la lava Carmen y, mientras se seca, charla con los padres con una bata que le presta la castañera. También se ducha y afeita en casa de Carmen y más de un día cena en compañía de la familia, que nunca le pide nada a cambio, solo la compañía y esa voz tan dulce que le caracteriza en las amenas conversaciones que mantienen.

Mañana es Nochebuena y todos insisten en que tiene que venir a cenar con ellos. Él se resiste, pero todos le animan a que pase la Nochebuena en familia. Tanto insisten, indicándole que ya es como de la familia, que comunica que sí, que vendrá, y quedan para cenar a las nueve de la noche.

Desde las ocho, todo está preparado. Lleva dos días sin salir a vender castañas, pero la fiesta vale la pena: hoy tiene visita. Después de muchos años, sus padres están animados y todo parece que se anima en casa.

Ni se imagina que el anciano al que ha invitado a cenar no es otro que el ángel de la Navidad y desde hoy todo se va a solucionar. El décimo de lotería que con tanto cariño guarda bajo la almohada ha sido premiado con el Gordo, aunque ella no lo ha mirado, de ocupada que estaba en la preparación de la cena para su familia, sus padres y el anciano invitado, una familia a la que quiere y de la que recibe tanto cariño como le da.

Su cariño y dedicación son premiados y el mismo día de Navidad conocerá que su preciado décimo de lotería ha sido premiado, pero hoy su felicidad será plena: disfrutar de sus padres y ver la cara de su amigo anciano sentado en la misma mesa la hacen sentir muy feliz, tan feliz como mañana cuando descubra el premio y sus problemas económicos desaparezcan. Como su amigo, que silenciosamente desaparecerá para siempre de su vida y buscará otro ser dulce y caritativo al que premiar por su caridad, dedicación y amor al prójimo.

FIN

Canción La castañera

Yo soy la castañera,
castañas te vendo yo.
Son ricas y redonditas
todas de color marrón.
Te puedo vender una
te puedo vender dos.
Con ellas te regalo
alegría e ilusión.
Cuando llegue el otoño
salimos a pasear
Y con las ricas castañas
tus manos calentarás.

Especialmente dedicada a los pequeños del Colegio Los Argonautas de Chipiona.

Oleo de Toñi Sanchez Granados

Siete puntos ecológicos de interés

En Chipiona tenemos al menos **siete árboles o grupos de árboles** que simbolizan, tanto ecológicamente como tradicionalmente, un punto neurálgico de situación o de un espacio físico concreto. Estos puntos no han sido clasificados oficialmente, pero son muchos los ciudadanos que los conocen y los dan como referencia para muchas actividades locales, como a la hora de situar un pago, un lugar o para un acto cultural o religioso, e incluso para uso de la navegación costera. Estos siete puntos o elementos los debéis conocer, conservar y defender para que ahora y en el futuro podamos disfrutarlos todos nosotros y las generaciones futuras.

No están puestos por orden de importancia o relevancia, su orden podéis cambiarlo a vuestra elección. Preguntad a vuestros familiares si los conocen y dónde se encuentran. ¡Su visita es toda una aventura!

1. Pino de Pico Plata.
2. Pino de las Veredas.
3. Pino del Toril.
4. Araucaria centenaria del Ayuntamiento (donde vive el duende).
5. Torre Breva y su pequeña arboleda.
6. Eucaliptos de Villa Caña.

En el **número 7** pon el árbol que sea tu preferido y cuando comiences la ruta para visitarlos empieza por ese, que para ti es el más importante. Y que nadie te lo arrebate, pues es el tuyo y por eso es el más importante.

En Chipiona hay muchos árboles importantes y en esta lista solo hay unos cuantos. Que sigan siendo importantes solo depende del interés que tú les pongas y de que el que elijas para el número 7 sea realmente el que tú quieres y no otro.

6. Animárgicos

Año: el corriente. Lugar: este mundo, o quizás uno paralelo, no lo sabemos, pero podría ser y quizás así sea. El caso es que dos chavales de unos catorce o quince años, con toda la ilusión de esa maravillosa edad y en un pueblo agraciado de Dios como es Chipiona, se preparan para ir a la marea. Ellos creen que la tarde así lo aconseja, pues, tras unos días de levante fuerte y con la luna creciendo a pasos agigantados, con las mareas *in crescendo*, tienen motivos para pensar que hoy pueden darse unas buenas capturas en el corral que habitualmente catan y donde sus padres cuentan que pasaron buenas tardes marisqueras, con grandes capturas de chocos, lisas, pulpos y algún que otro lenguado. El caso es que, con parsimonia y una ilusión propia de los chavales de su edad, van preparando el ceroncillo, la fija, el cuchillo de marea, las luces y sus pilas de petaca.

Cuando se miran, se sorprenden enfrascados en sus botas de vadear y con la imagen que sus respectivos padres les enseñaron en multitud de fotos y «batallitas» de capturas ingentes de pescado y chocos, como si fueran unos mariscadores ejemplares. Sebas mira a Fran y este a su primo, dando como resultado una tremenda risotada que acaba con los jóvenes rodando por el suelo y encogidos por la imagen que ambos ofrecen así vestidos.

Charlando amigablemente se van acercando al corral de la Longuera. A la vez que el sol se va acercando a su cenit, ellos se adentran en los piélagos de este conocido corral chipionero. No entienden que nadie acuda a esta marea del otoño en que los «choquitos tomateros», los sargos y otras especies de gran atractivo culinario se suelen dar, y más cuando hace más de una semana que el levante impide la pesca marisquera.

El paso de laguna en laguna y de piélago en piélago parece una marcha militar. Ahora van entendiendo que nadie acuda a esta aparente buena marea: el ceroncillo, al cabo de una hora por todo el corral, ofrece un estado lamentable y solo un minúsculo choquito, una zapatilla escuálida de unos seiscientos gramos, un lenguadillo, unos erizos con las púas casi gastadas y una sorprendente galera son todo el botín hasta el momento.

Encienden las luces y siguen sin visualizar a otros mariscadores; parece como si supieran que hoy tampoco se pescaría nada y decidieron quedarse en casa. Continúan con su marisqueo en solitario. Ambos se detienen ante lo que parece la cueva de un pulpo y meten el garabato para intentar sacarlo. Casi el hombro bajo el agua y Sebas es incapaz de sacar al astuto cefalópodo. Fran toma el relevo y, al cabo de otros cinco o seis minutos y tras mojarse los hombros como su primo, saca y enseña triunfante un pulpo de poco más de un kilo, que se enrosca en el garabato y no para de lanzar chorros de tinta y agua para procurar escapar.

Tan enfrascados están en su tarea que no ven la minúscula estrella fugaz que enciende su camino por el firmamento oscuro que precede a la salida de la luna tras la ocultación del astro rey. La raya de luz solo dura unos segundos y, tras esta otra y otras pocas, parece que las lágrimas de San Lorenzo vienen con retraso y, en vez de en agosto, se dejan ver en octubre. Los dos jóvenes se paran y, casi pegados, miran al cielo embelesados. La lluvia de estrellas dura casi un minuto y son incontables. Todas duran apenas unos segundos y su trayectoria es clara en el manto celeste, casi negro en este lapso entre la puesta del sol y la salida de la luna otoñal. Solo una dura más. Se sorprenden de que no se apague y siguen su recorrido con la mirada y el corazón en un puño. Es cada vez más pequeña primero y cada vez más grande luego. La luz que irradia era una rayita en la lejanía y es un rayón cuanto más cerca se va viendo. Se miran y a la vez se agachan instintivamente, pues la dichosa estrellita parece que viene directamente hacia ellos, y casi se caen de bruces en la laguna. El calor que desprende no es tan grande como la ráfaga de viento que sienten y el chorro de agua que expele al chocar a escasos cincuenta metros de donde están los jóvenes catadores. La laguna más profunda del corral, la que no quisieron catar por llegarles casi a la cintura, es la que acoge en su caída a la única estrella fugaz que tan insisten-temente iluminaba el cielo chipionero.

Al levantarse ven el vapor que desprende la esquina norte del corral y no saben si acercarse o salir pitando para casa, no vaya a caer otra y les caiga a ellos encima. Fran recoge el ceroncillo y vuelve a meter las escasas capturas en su interior. Sebas mira a su primo y sin decir nada le coge la mano y tira de él hacia el rincón donde cayó la dichosa estrella.

El vapor se diluye y las aguas se aclaran con el levante reinante. Tanto Fran como su primo miran a la orilla para cerciorarse de que siguen siendo los únicos catadores que hoy acudieron al corral a mariscar y no van a recibir apoyo de ningún tipo. Con más miedo del que quisieran y cada uno con su cuchillo de marea bien sujeto y en alto, como si temieran que algo les fuera a atacar en algún momento, se afanan en buscar los restos que cayeron en la laguna con tanta luminosidad y viento. Dan dos vueltas a la laguna y nada raro encuentran. Los caños van dando muestras de que la marea creciente está empujando y las señales de crecida son una evidencia. Las aguas les van llegando casi a la altura del ombligo y cuando deciden retirarse y dar por concluida la marea de hoy casi tropiezan con una roca redonda del tamaño de una pelota de tenis. La empujan con las botas y la van acercando con cuidado y despacio a la orilla de la laguna para poder cogerla con las manos. La tarea, que parece sencilla, se les complica por la arena en suspensión, que evita su visión, y porque, a pesar de ser tan pequeña, pesa como si fuera de plomo.

A la vez que la marea va subiendo el nivel de las aguas en el corral, la luna va apareciendo por el horizonte y pareciera que va amaneciendo. Todavía no ha llegado la bola a la orilla de la laguna y Sebas se quita las botas de vadear y casi se sumerge en las aguas para trincar con ambas manos la minúscula estrella que sorprendiera a ambos en la dichosa tardenoche, para salir y ver de una vez qué puede ser aquello. La bola pesa como si fuera de plomo y, con más trabajo del que en principio pensara el joven Sebas, es introducida en el ceroncillo. Entre los dos primos la acarrean a la arena de la playa, donde se sientan y contemplan el firmamento en silencio.

Negra, pesada y hermética. Tres cualidades que no gustan a los primos y que son las que describen perfectamente a la dichosa bola que guardan en el ceroncillo. No saben si tirarla y volver a casa con la escuálida pesca de hoy o tirar la pesca y llevar a casa la bola para que el padre de Fran y tío de Sebas, el «manitas» de Paco, procure valorar si eso vale para algo.

El tiempo pasa y la marea no espera a nadie; las aguas se van acercando a donde los dos primos están sentados y cada vez la luna ilumina con más nitidez los acontecimientos que en la noche de hoy se van sucediendo. Cada uno de los jóvenes agarra el ceroncillo por un asa y tiran de él con determinación. No miran en su interior y parece que la decisión es cargar con todo y que Paco decida si vale para algo. Ya se verá qué se hace con la precaria pesca de la tarde-noche de hoy.

No han llegado aún a tocar arena seca cuando del interior del ceroncillo sale una luz cegadora y sueltan la pesada carga en la arena, justo donde la pleamar dejó su marca y delimita la arena seca de la húmeda. No saben qué hacer y miran de nuevo a su alrededor para cerciorarse de que siguen sin apoyo ni ayuda de ningún tipo. Sentados en la arena y con verdadero asombro, vuelven sus miradas hacia el iluminado ceroncillo. Lo

agarran por la parte baja y vierten su contenido en la arena. La bola se ha roto y ahora dos medias partes negras, como si fueran medios cocos vacíos, dejan en el centro una bolita del tamaño de una pelota de *ping-pong*. La luz que irradia no molesta, más bien atrae, y da la impresión de que nada malo puede ocurrir cerca de aquella luz tan sublime. La colorección pasa del blanco al violeta sin aparente control y sin acogerse a régimen o sintonía preestablecida.

La galera se arrastra por la húmeda arena y trata de acercarse a la pequeña esfera lumínica, la zapatilla trata de absorber algo de aire que le dé un segundo más de vida y un tentáculo del pulpo casi roza la pequeña luminaria de colorines. El choquito cambia de colores como cuando lo sacaron del agua y el lenguado no para de mover la cola, como si quisiera acercarse a la dichosa bolita iluminada. Parece que aquella luz o el calor que desprende sean lo único que les interesa en aquellos momentos.

Sebas no da crédito a lo que ve y se levanta. Fran, que no sale de su asombro y ve cómo su primo se levanta, le imita y ambos, sin querer, tapan la luz de la luna, que daba sobre la bola, la cual, al perder la iluminación del satélite terrestre, se oscurece y deja de brillar. Todos y cada uno de los animales se detienen y parece que van a dejar este mundo en oscuridad y sin moverse. Los primos se separan y dejan pasar la luz de la luna llena que brilla en el firmamento chipionero. Automáticamente, vuelve a iluminarse la bolita y los animales tratan de acercarse a ella con desesperación. Los dos primos se acercan y, cogiendo con cuidado a la galera, la presentan entre la luna y la bola. Un trozo de la bola como una tajada de una sandía se ilumina de rojo y acude como un imán hacia la galera, que absorbe la luminosidad y parece que se muere, pero nada más lejos de la realidad. De la cabeza le salen unos rizos largos; del costado, unos brazos y del abdomen, dos piernas. La galera toma forma casi humana y los primos la sueltan asustados, cayendo el animal a la arena en silencio. No pueden creer lo que acontece.

Ahora es el pulpo quien logra tocar la bolita y un rayo naranja con forma de tajada de sandía sale de la bolita, envolviendo al cefalópodo, que también toma forma casi humana. No dan crédito y otro rayo, en esta ocasión amarillo envuelve al lenguado, y otro verde a la doradita (zapatilla). Ahora es un rayo celeste el que abraza al erizo y otro azul abarca a la lisa, para concluir con uno violeta, que abraza a la ortiguilla que cogiera Fran para su padre. La bolita, casco a casco o tajada a tajada, concluye su circunferencia y de ella los siete colores del arco iris han ido introduciéndose en los distintos animales capturados por los jóvenes mariscadores. Estos no saben si salir corriendo y esconderse bajo la cama o gritar pidiendo socorro. El miedo y el asombro les paralizan y al cabo de unos minutos, que les parecieron horas, cuando el agua casi les moja los pies con la pleamar, escuchan cómo los animales hablan entre ellos y además les entienden perfectamente. No saben cómo, pero estos bichos raros saben hablar, y además en un perfecto español que ellos pueden oír y comprender sin problemas de ningún tipo.

El pulpo, que parece que tiene la voz cantante, se dirige a ellos y les explica cómo y por qué pueden oírle.

—Con la luz de la luna, ante la cercanía de esta bola mágica y con vuestra participación, los siete magos estelares nos hemos podido reencarnar en estos seres, así que desde hoy solo vosotros tenéis el don de convocarnos y siempre acudiremos en vuestro auxilio. Somos **animárgicos** y así debéis llamarnos. Todos os debemos mucho y podríamos haber permanecido mucho tiempo sin reencarnación en la cárcel estelar que nos propició el maligno de la cuarta constelación. A vosotros os debemos la libertad, así que, si en alguna ocasión necesitáis de nuestra ayuda, no dudéis en llamarnos y acudiremos con nuestros poderes.

—Pero ¿cómo?

—Solo tenéis que acercaros a la orilla y gritar: **«¡Animárgicos!»**. Y nosotros acudiremos sin dilación.

—¿Y cuáles son vuestros poderes?

—Cada uno de nosotros tiene un poder diferente y único, pero juntos somos invencibles.

—Si sois invencibles, ¿cómo os metieron en esa bolita tan pequeña?

—Por algo muy sencillo, nos pillaron por separado y de uno en uno. Así, y solo así, somos vulnerables. Por eso no pensamos separarnos por ninguna circunstancia.

—¿Y podemos saber cuáles son los poderes de cada uno?

—Mucho me temo que eso tendrá que esperar a otro momento.

—¿Y eso por qué?

—Tenemos que comprobarlo nosotros mismos, verificar que la influencia de vuestro planeta no mermó nuestros poderes y valorar si sois merecedores de contar con nuestro apoyo, así que mañana nos vemos aquí y seguimos hablando.

—¿Y no pensáis que la gente al veros se sorprenderá y tratará de saber, y puede que incluso os ataquen?

—Mientras vosotros conservéis la bola mágica y la luna nos ilumine al menos una vez al mes, mantendremos la pureza de nuestro poder. Somos **animárgicos** y nos verán como algo normal. No os preocupéis, nosotros nos encargamos de todo.

Continuará...

Acuarela de Manuela Martín

Los corrales de pesquería de Chipiona

Los corrales de pesca de Chipiona forman un original conjunto histórico, cultural y paisajístico que es herencia de una cultura pescadora rural antigua, presumiblemente romana o árabe.

Son recintos cercados por un muro de contorno redondeado, de piedras porosas de construcción artesanal, distribuidos a lo largo de nuestro litoral. Las piedras están unidas por una conglomeración marina (ostiones, algas, escaramujos...), que actúa como cemento natural. Los nombres y la localización de los corrales son los siguientes: corrales de Montijo, en la zona del mismo nombre; el de la Longuera, en la playa del Muelle; los de Trapillo, Cabito y Nuevo, en la playa de las Canteras, y los de Mariño, Canaleta del Diablo, Chico y Hondo entre las playas de Camarón y las Tres Piedras.

La flora que encontramos está constituida por algas rojas, pardas o verdes, que a su vez influyen en la composición de nuestras aguas marinas por su alto contenido en yodo. En cuanto a la fauna, podemos encontrar moluscos (lapas, burgaos, almejas, ostiones...), crustáceos (cangrejos de pelo, camarones, erizos, ortiguillas...) y también encontramos especies de peces que utilizan el corral para alimentarse, con la subida de la marea, y como zona de cría y engorde de sus alevines. Destacan bailas, lubinas, sargos, mojarras, lisas, doradas, urtas y lenguados. También entran con la pleamar las sepias o chocos y pulpos.

La principal figura del marisqueo es el cataor o persona encargada del mantenimiento de la estructura de los corrales. Los utensilios usados son el cuchillo de marea, la fija, la tarraya y el ceroncillo para las capturas.

7. De 7 en 7. Así nace Chipiona

Corre el año del señor de 1477 y tanto Isabel como Fernando se afanan en consolidar su reino. No cesan los acuerdos: mayorazgos, condados e incluso las islas Canarias pasan a engrosar el vasto y ancho panorama de triunfos y sumisiones que propician la confirmación del poderío de los Reyes Católicos.

Entre los muchos vasallos y señores que les tributan pleitesía se encuentra uno de sus más destacados capitanes, el conde de Arcos, D. Rodrigo Ponce de León. Este noble señor, de alto poderío señorial en la comarca, decide, para engrandecer su ya consagrado poder y atraer la atención de sus

católicas majestades, que se encuentran en Sevilla en plena campaña de confirmación de la expansión de su poderío y quitándoles preponderancia y poder a sus más arraigados enemigos, los duques de Medina-Sidonia, poblar una hermosa zona agrícola en la costa, cerca de donde el Guadalquivir vierte sus aguas, que sus aventajados le indican que, además de muy hermosa, es de especial relevancia en cuanto a situación estratégica para futuros enfrentamientos con sus rivales. Para asentar y consolidar el pequeño nuevo pueblo y agrandar la atracción del populacho para que se decida a quedarse en aquellas remotas tierras, decide convocar a sus más leales asesores y a un mago discípulo del mítico Merlín el inglés.

En audiencia secreta, de la que solo tenemos constancia por los datos aparecidos en un ánfora encontrada en el alfar de El Olivar por una persona de la que no podemos decir ni siquiera el sexo para evitar las represalias que sin duda le acarrearían si se supiese la delación de tan altísimos secretos, se sabe que se decidió por parte de las siete personas que asistieron a tan importante acontecimiento que, entre las bondades que se debían dotar y las prebendas para asentar en Santa María de Regla (actual Chipiona), que es como se denominaría al nuevo pueblo, a las personas que así lo pidiesen, además de las que en su día acompañasen a las siete «buenas personas» que debían entregar la «carta puebla» al representante de los allí residentes, como la exención de impuestos y la cesión gratuita de tierras de labor, cada uno de los enviados por D. Rodrigo Ponce de León, y en nombre de este y de sus majestades los Reyes Católicos, una vez que acepten todas y cada una de las cláusulas de la «carta puebla» y firmen y rubriquen unos y otros tan altísimo documento, donarán a sus moradores y a sus descendientes las siete prebendas acordadas en presencia del dueño y señor de las tierras en cuestión y el apoyo de sus católicas majestades.

La comitiva, con las siete «buenas personas» al frente, sale de Arcos a las siete horas del séptimo día de la séptima luna del mágico año del señor de 1477.

Cada uno de los siete elegidos lleva en su mochila el secreto mejor guardado, con la pena de morir con la mayor de las torturas si delatasen antes de su llegada y a persona indebida el contenido bajo su responsabilidad.

La marcha transcurre sin incidentes que resaltar, salvo que durante la noche, después de un largo día de marcha y a solo una jornada para llegar a la «tierra prometida», un nutrido grupo de jóvenes, ante lo que se les viene encima y con el desconocimiento e ignorancia de cómo son y qué trato van a recibir de los residentes en esas tierras, piden ser casados por el principal de la comitiva. Ante la sorpresa, acceden y de los voluntarios y aterrorizados nuevos pobladores, solteros y solteras, conforman siete nuevos matrimonios para evitar la confrontación con los solteros del territorio a poblar. Una de las tareas más importantes encomendadas era precisamente consolidar matrimonios y establecer una convivencia de futuro para el engrandecimiento del reino y del señor que les manda. La procreación fuera del matrimonio está penada y si los jóvenes que llegan ya cumplen uno de los requisitos, mucho mejor para todos.

Al alba del séptimo día del mes de julio de 1477 y desde la loma equidistante entre Rota y Sanlúcar, conocida como loma de Torre Breva, con las siete «buenas personas» al frente de la comitiva, comienza la última jornada de marcha. Al mediodía, ante las puertas de la iglesia de Santa María de Regla, en un gran círculo constituido por los pocos residentes y toda la comitiva al completo, se da lectura al contenido de lo estipulado en la «carta puebla» de Santa María de Regla y se abre el debate para conocer las posibles discrepancias o sugerencias de los nuevos vecinos del pueblo en creación. Todos son conscientes y ni una objeción es planteada. Allí mismo se elige al primer alcalde y a seis concejales, que serán los que, en sesión secreta, se hagan cargo de las siete prebendas de los que son portadores los notarios del señor y que tan celosamente han guardado. Ni siquiera entre ellos conocen el contenido de su compañero, pues cualquier indiscreción o intento de conocimiento se pagaría de inmediato con la muerte, y el misterio ha perdurado hasta nuestros días.

Cada uno de los elegidos es hermanado con una de las siete «buenas personas» mandadas por D. Rodrigo Ponce de León y, tras las firmas y rúbricas preceptivas para el establecimiento del nuevo pueblo, se quedan sentados en la mesa redonda que dejaron en medio de la plaza, frente a la iglesia, que sirvió de testigo mudo del acontecimiento.

Pasaron las horas y, cuando el sol tocaba las aguas del océano frente al pequeño promontorio donde se encuentran, se dan la mano y cada uno se retira con su pareja en el más absoluto de los silencios. Nadie dice nada y todos son conscientes del secretismo que debe prevalecer ahora y en el futuro, so pena de tortura y muerte. Todos tienen miedo y la responsabilidad les atenaza. Hoy ha sido un día muy largo y han asumido mucha responsabilidad. Algunos son recién llegados y otros llevan aquí toda la vida, pero el temor es igual para todos y la posibilidad de ser ajusticiados por tortura les paraliza y silencia por igual.

Siete veces siete pasos es la distancia recorrida. Al cabo, se paran y pasan a entregar las prebendas, cada una a su inmediato interlocutor y con las consabidas recomendaciones de absoluto secreto y penas a sufrir si incumplen el cometido de su señor.

El gran círculo descrito por los responsables del traspaso de las prebendas es marcado y queda constancia de la prohibición de construir nada en ese espacio para recordatorio del secreto sellado y rubricado delante de la iglesia de Santa María de Regla, en cuyo centro se erigiría una escultura en su memoria. Nadie osa mirar a otro lado que no sea a su compañero para recibir aquel alto honor y asumir la responsabilidad que le confiera.

El más cercano a la iglesia anda en dirección sur. Recibe (según el contenido del ánfora encontrada) un pergamino con el texto que a continuación se expone y unos cuantos sarmientos de vid atados con un cordel.

MANDATO REAL

Sea consciente quien adquiera esta responsabilidad de que es mandato real y desobedecer tal encomienda se considera rebeldía y su castigo es la muerte.

Recoged, sembrad y multiplicar esta variedad de vid que se os entrega. Su nombre será MOSCATEL y de ella, además de un noble y dulce postre en forma de uva, elaboraréis un vino nuevo y con tal aroma y sabor que su nombre y las nuevas tierras irán unidos por siempre.

Es mandato real y así debe ser.

El segundo par de responsables han caminado en dirección suroeste y casi llegan a la orilla. Una higuera y un pozo les impiden continuar. La soledad y el desamparo quedan mitigados por la sombra y el frescor de los elementos descritos. Se aprecia el temblor del concejal, joven y barbilampiño, con un flequillo rebelde en forma de flor sobre el pelo castaño que le confiere un aspecto más informal del que sus conocidos tienen constancia, pues en el trabajo y el trato con sus compañeros es ejemplo de seriedad y responsabilidad. La mano temblorosa recoge la mochila ante la presencia de su interlocutor, un señor entrado en años y con una voluminosa barriga, que suda copiosamente y le mira escrutándole como si en el canje le fuera la vida.

La sorpresa del joven no conoce límites y no sabe si esto es una broma o quizás tenga alguna pócima mágica que realizar con aquellas simientes y esquejes. Tras un pequeño espacio de tiempo que al joven concejal le parece un mundo, el viejo barrigudo le explica:

—Mire usted, señor concejal. Mi cometido es decirle una sola vez y de viva voz, como consta en este documento, qué se debe hacer y las consecuencias de no cumplir el mandato real:

Las nuevas tierras deben cultivarse y en todas y cada una de las estancias y parcelaciones que se realicen para el lógico desarrollo de la actividad agrícola en la villa habrá de sembrarse al menos una de estas variedades de flores. La reina Isabel así lo exige y yo, su vasallo, cumplo y mando a mis siervos.

Sean, pues, los nuevos colonos en esta naciente Stª María de Regla cuidadores del clavel, el geranio, el gladiolo, los nardos, las rosas y los jazmines, además de cuantas flores crean oportunas para deleite de Su Católica Majestad y sus súbditos.

Si en el devenir de los tiempos abandonasen este mandato, caeremos sobre los residentes y pasaremos a cuchillo a cuantos residan para escarnio y ejemplo a cuantos sientan deseos de contrariar los mandatos reales.

Es mandato real y así debe hacerse.

El siguiente de los dúos concertados en este glorioso día se dirige al oeste y, tras un pequeño montículo que servía de respaldo a una verde retama, se paran y, mirándose a la cara y con gran parsimonia, depositan la mochila en la arena y extraen una cajita morada con pequeños orificios y una tapa de color verde. El silencio se puede cortar y la cajita queda en la arena a la espera de que se decidan a abrirla. Los minutos pasan y tanto uno como otro se miran a la cara, luego a la retama y después a la pequeña cajita. Al cabo de unos tediosos y largos minutos, el enviado del señor de estas tierras coge la cajita y, con esmero propio de la ocasión, levanta la tapa y enseña su contenido al sorprendido concejal. Dentro de la cajita, con un fondo uniforme de color marroncito, aparece un rarísimo animal con unas formas estrafalarias, ojos muy saltones, con vida independiente cada uno; así, el izquierdo mira a un lado y el derecho, a otro. La lengua es larguísima y lo perciben al atrapar, delante de los sorprendidos personajes, una abeja, que mastica para engullir por su estrafalaria boca. La cola está enroscada en espiral y las cuatro patas acaban en dos dedos prensiles, con unos movimientos lentos, que parece que a la vez que avanza retrocede. La verdad es que el concejal jamás vio animal semejante, ni tenía constancia de que un minidragón o algo similar pudiera existir. La sorpresa aumenta, si es que aún es posible, cuando el pequeño reptil es depositado en la retama y cambia del marrón inicial a un verde similar a la retama, con lo que casi desaparece de la vista de ellos. La «buena persona» extrae un pergamino y, con aparente alivio, lee lo que cree que le liberará de la carga y de la responsabilidad contraída.

MANDATO REAL

El presente animal irá unido de por siempre al devenir de este nuevo pueblo. Así, mientras conservéis los residentes al camaleón, que es el nombre de este singular animal que os entrego, podréis mantener la unidad territorial y pervivencia como pueblo, pero si por dejadez, avaricia o cualesquiera otros motivos, en el presente o futuro próximo o lejano, desapareciera de vuestras tierras, tened por seguro que se abrirá el cielo y de él bajarán las siete plagas y animales, personas y plantas de todo este territorio quedarán carbonizados y jamás de los jamases florecerá la vida.

Conservad, pues, este pequeño reptil y viviréis por siempre.

Es mandato real y así debe hacerse.

La cuarta de las parejas concertadas en este peculiar reparto de responsabilidades se dirige al noroeste y, tras los consabidos siete veces siete pasos, se detuvo ante un olivo y a su sombra enseña al concejal un tarro con agua y algo similar a una planta que se mueve en su interior al compás del agua que la mantiene.

Con un encogimiento de hombros le indica que no tiene ni idea de qué es aquello que con tanto misterio conserva dentro del tarro. Tras entregar el tarro al sorprendido concejal, la «buena persona» de turno extrae un pergamino y lee su contenido para sorpresa del concejal.

MANDATO REAL

Por así estimarlo nuestro mago real y con la peculiaridad de que ni es planta ni es animal, os hago entrega de esta ORTIGUILLA para que la «sembréis» en la costa y la consumáis como alimento. Así, mientras la tengáis en vuestro mar y la comáis como alimento, persistiréis como pueblo, yendo unida su existencia en la costa local a la del pueblo que hoy constituimos.

Es mandato real y su acatamiento os salvará.

Justo al norte se dirigen los dos nuevos compañeros surgidos de la firma de la «carta puebla» de este novísimo pueblo que hoy comienza a andar. Tras los pasos establecidos, y con el silencio que acompaña a cuantos tienen este privilegio en estos actos protocolarios, se paran y de la mochila van surgiendo, uno tras otro, siete frascos transparentes. En el interior de cada uno de ellos se pueden ver con total nitidez unos bichejos alargados, con dos pares de alas y el abdomen de vistosos colores (azul, verde, rojo), cada uno de uno distinto y cada cual más bonito. «Libélulas» es la única palabra que sale de la boca antes de extender el pergamino y pasar a su lectura para conocimiento del anonadado concejal.

MANDATO REAL

Mientras mantengáis vuestro fuero y seáis fieles a la Corona de Castilla, veréis con asiduidad estos mágicos animales provenientes de levante, como señal de que por esa parte tenéis buenos amigos y siempre podréis contar con la asistencia de los Reyes Católicos y sus aliados para cuantos conflictos bélicos fuera menester.

Si en algún momento no vierais libélulas los días de levante, preparaos, pues vuestra traición se castigará con contundencia.

Es mandato real y así se hará.

Hacia el nordeste y a siete veces siete pasos se para la pareja más joven de las constituidas en este importante día en que nace el nuevo pueblo. Ambos son conscientes de su juventud y se dan ánimos con una amplia sonrisa, delatora de la trascendencia e importancia de cuanto hagan.

La mochila es abierta y de su interior van saliendo tarros con agua

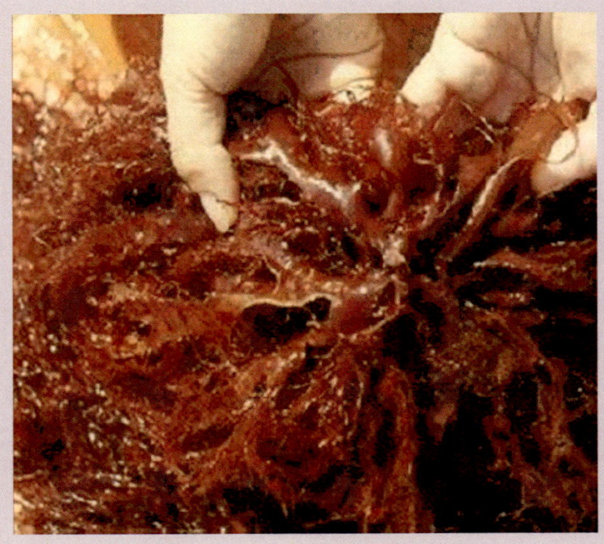

salada y algas en su interior. La cara del concejal no da más de sí en cuanto a estupor se refiere y está deseando que acabe para conocer de qué se trata y poder relajarse de una vez por todas. Al acabar los tarros con algas de todos los colores y formas, extrae el pergamino y lo lee.

MANDATO REAL

Como prebenda real, y para fortalecer los cuerpos de cuantos moren en esas nuevas tierras, mandamos estas algas, que debéis procurar reproducir en esas playas para la creación de yodo y como abono para el campo, además de como señal de que las aguas están exentas de contaminación y de que cumplís con el fuero que os mando de cuidar las tierras y sus aguas, además de los animales y personas que en ellos morasen.

Es mandato real y de su mago principal para este nuevo pueblo.

El recién elegido alcalde y el principal de las siete «buenas personas» caminan los pasos estipulados y se paran muy resueltos al este de la mesa en que firmaron los documentos que dan fe de la constitución de un nuevo pueblo. Al mirarse a los ojos sonríen y se dan la mano en señal de respeto. La situación no les molesta y son conscientes de la trascendencia de

los acontecimientos, así que, sin mediar palabra, depositan la mochila en tierra y tratan de extraer una pequeña caja alargada que tiene una puerta en uno de sus lados. Con trabajo y oyendo los ruidos que de dentro salen, la depositan en el suelo y se alejan sorprendidos. Unos golpecitos, como si alguien estuviera llamando, salen de la cajita y, antes de que decidan si abrir ellos mismos la puertecita, esta se abre y ante los ojos atónitos de ambos aparece un duende vestido de azul y blanco del tamaño de una ardilla. Los zapatos y sus orejitas acaban en punta y corriendo entrega el pergamino al principal para que lo lea y se sienta en el pie del sorprendido nuevo alcalde del recién constituido nuevo pueblo.

MANDATO REAL

La reina y yo os mandamos este duende y la simiente de una araucaria, que debéis sembrar para que crezca altiva y fuerte y sirva de morada al pequeño duende, que será el encargado de preservar la armonía y convivencia entre los moradores de ese pueblo nuevo. Cuantos alcaldes te sucedan en el gobierno y juren preservar dicha convivencia y sumisión a la Corona de Castilla contarán con su apoyo incondicional. Los consejos del duende no precisan de contacto, ni siquiera podrán verlo, solo los niños de corazón noble podrán verlo los días en que la luna llena y el sol coincidan en el cielo azul; pero, además, no debéis dar de comer ni de beber al duende, pues es mágico y solo quedará libre cuando la araucaria que nazca de esa simiente alcance la altura de siete veces siete metros, en que nuestro mago considera que estaréis preparados para gobernaros sin la mediación de este mágico ser.

Cuidad bien del duende y respetad los mandatos reales, en ello os va la vida.

Firmado y rubricado en la villa más poblada de la amplia y vasta extensión bajo la protección de los reyes Fernando e Isabel o Isabel y Fernando, que tanto monta como monta tanto Isabel como Fernando.

Sevilla, año del señor de 1477.

¿FIN?

Acuarela de Regli Sáenz